MÉTODO PARA CLARINETE

Domingos Pecci

Nº Cat.: 185-M

Irmãos Vitale Editores Ltda.
vitale.com.br
Rua Raposo Tavares, 85 São Paulo SP
CEP: 04704-110 editora@vitale.com.br Tel.: (55)11 5081-9499

CIP-BRASIL. CATALOGAÇÃO NA FONTE
SINDICATO NACIONAL DOS EDITORES DE LIVROS - RJ.

P379m
3.ed.
Pecci, Domingos, 1910-
Método para clarinete
/ Domingos Pecci. - 3.ed. - São Paulo : Irmãos Vitale, 2008.
72p.

ISBN 85-7407-115-3
ISBN 978-85-7407-115-2

1. Clarinete - instrução e estudo.
2. Instrumentos de sopro - instrução e estudo.
3. Música para clarinete - Partituras.
I. Título

08-1402.

CDD: 788.62
CDU: 788.6

Úteis Conselhos ao Aluno de Clarinete

Devemos cuidar de nossos instrumentos como de nós mesmos. Muitas vezes o fracasso de um músico é motivado pelo mau funcionamento do seu instrumento. A boquilha deve ser lavada freqüentemente, assim como a palheta. A boquilha é a alma do clarinete, portanto a sua escolha precisa ser cuidadosa. Alguns clarinetistas preferem mais fechadas; outros, mais abertas. Com a palheta dá-se mais ou menos o caso da boquilha: uns preferem mais duras, ao passo que outros, mais brandas.

A colocação da palheta na boquilha é muito importante, basta um milímetro de diferença para que a sua posição melhore ou piore. É preciso, portanto, procurar colocá-la na posição exata, antes, porém, deve ser umedecida com água ou mesmo na boca.

Não devemos descuidar das molas, parafusos e sapatilhas, devemos examiná-las freqüentemente.

A posição do busto do estudante deve ser reta, desde o primeiro dia; e nunca se descuidar deste conselho, pois é indispensável tanto para estética como para o sistema respiratório. Nunca se deve fazer bochechas, que além de ser feio, prejudica a execução.

Embocadura é o modo de colocar a boquilha na boca. Essa deve ser colocada com o lábio inferior um pouco dobrado, seguido do superior, um pouco menos dobrado. Essa posição varia de acordo com a conformação da boca do clarinetista.

DOMINGOS PECCI

Exemplos sobre a divisão

QUATERNÁRIO
Dó Dó Dó Dó Dó-ó - ó - ó Dó - ó Dó - ó Dó Dó Dó - o Dó
13.
1 — 2 — 3 — 4 1—2—3—4 1 — 2 — 3 — 4 1 —— 2 — 3 — 4
BINÁRIO
Dó Dó Dó - ó
14.
1 — 2 1—2 1 —— 2 1 —— 2 1 —— 2 1 — 2
TERNÁRIO
Dó Dó Dó Dó - ó - ó
15.
1 —— 2 —— 3 1 — 2 — 3 1 —— 2 —— 3 1 — 2 — 3
TERNÁRIO COMPOSTO
Dó Dó Dó Dó-ó - ó
16.
1 — 2 — 3 1 - 2 - 3 1 —— 2 —— 3 1 —— 2 —— 3 1—2—3
BINÁRIO COMPOSTO
Dó Dó Dó Dó Dó Dó Dó-ó - ó - ó - ó - ó
17.
1 — 2 — 3 — 4 — 5 — 6 1 - 2 - 3 - 4 - 5 - 6 1 —— 2 —— 3 —— 4 - 5 - 6
TERNÁRIO COMPOSTO
18.
QUATERNÁRIO COMPOSTO
19.
20.
21.
22.
23.

Marcar o compasso com o pé.
Pronunciar a palavra *TÚ*, ao atacar a nota.
A vírgula é para respirar.

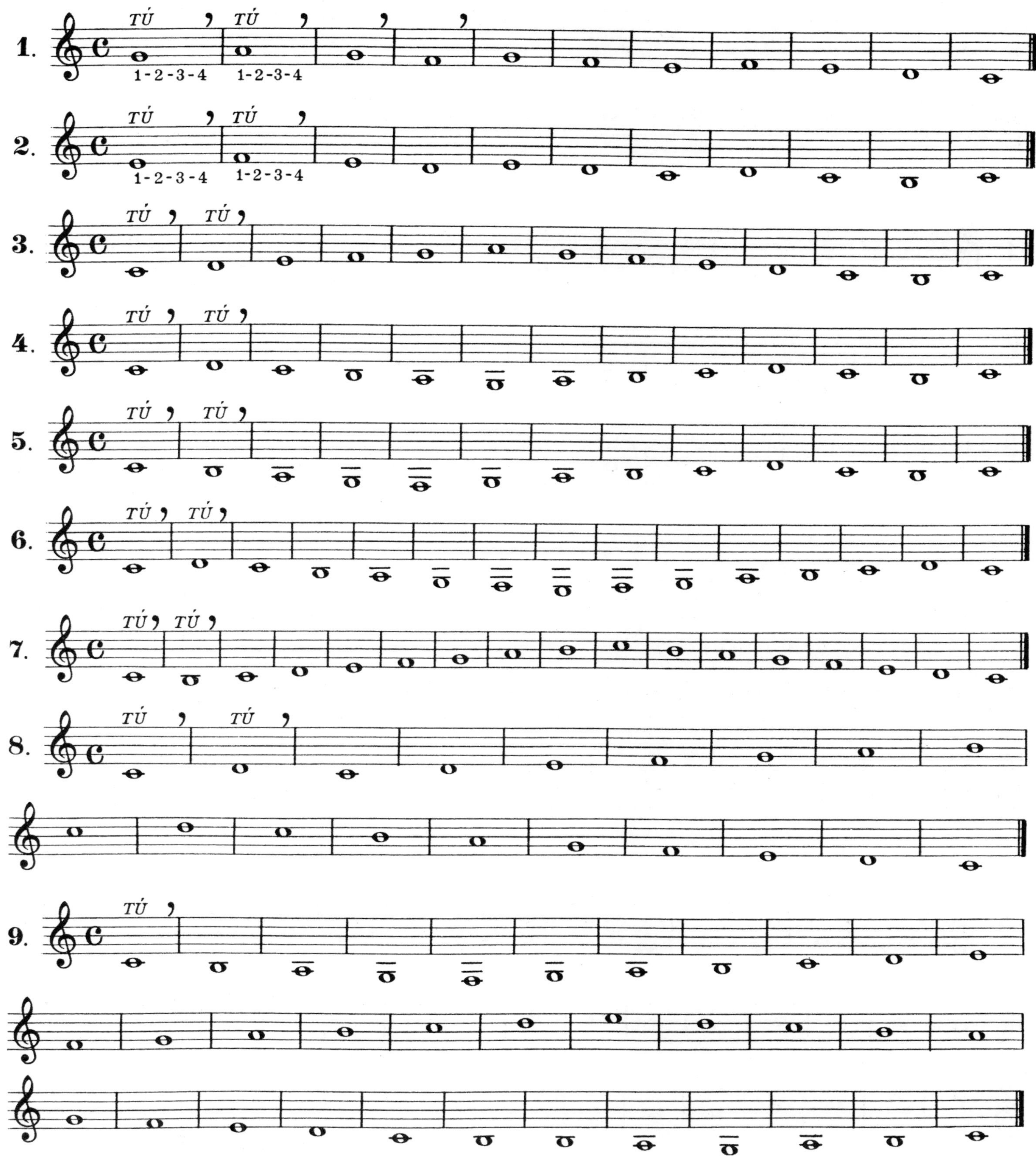

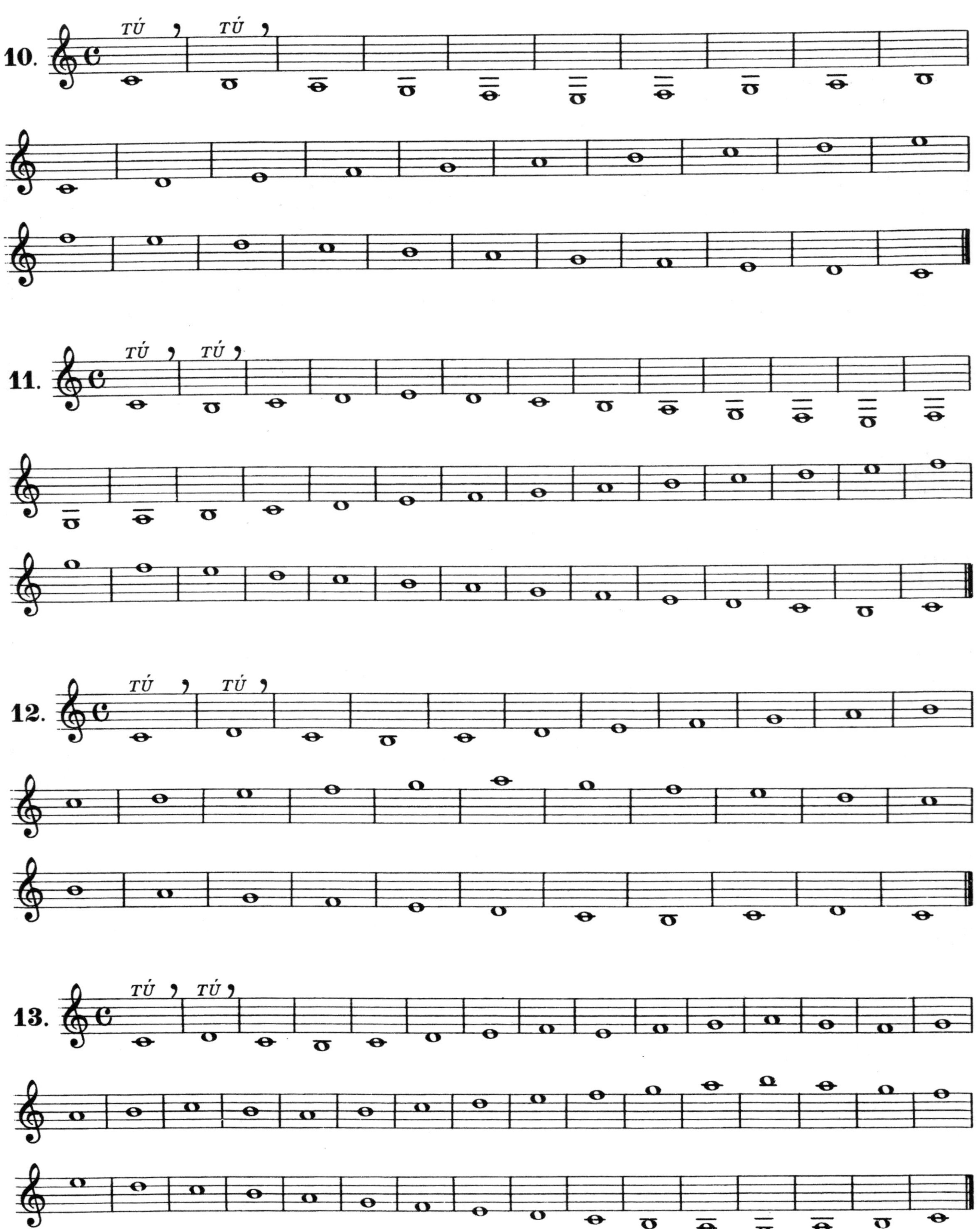
10.
TÚ
TÚ
11.
TÚ
TÚ
12.
TÚ
TÚ
13.
TÚ
TÚ

14.
TÚ
15.
TÚ

Ligadura

5.
TÚ
TÚ
6.
TÚ
TÚ
7.
TÚ
TÚ

TÚ
TÚ
8.
TÚ
TÚ
9.

10.
TÚ
TÚ
TÚ
TÚ
TÚ
TÚ
11.
TÚ
TÚ

12.
13.
TÚ
TÚ

14.
TÚ
TÚ
15.
16.

17.
TÚ

18.

Intervalos

SEXTAS
5.
SÉTIMAS
6.
OITAVAS
7.
MISTO
8.

Intervalos

6.
7.
8.
1.
2.

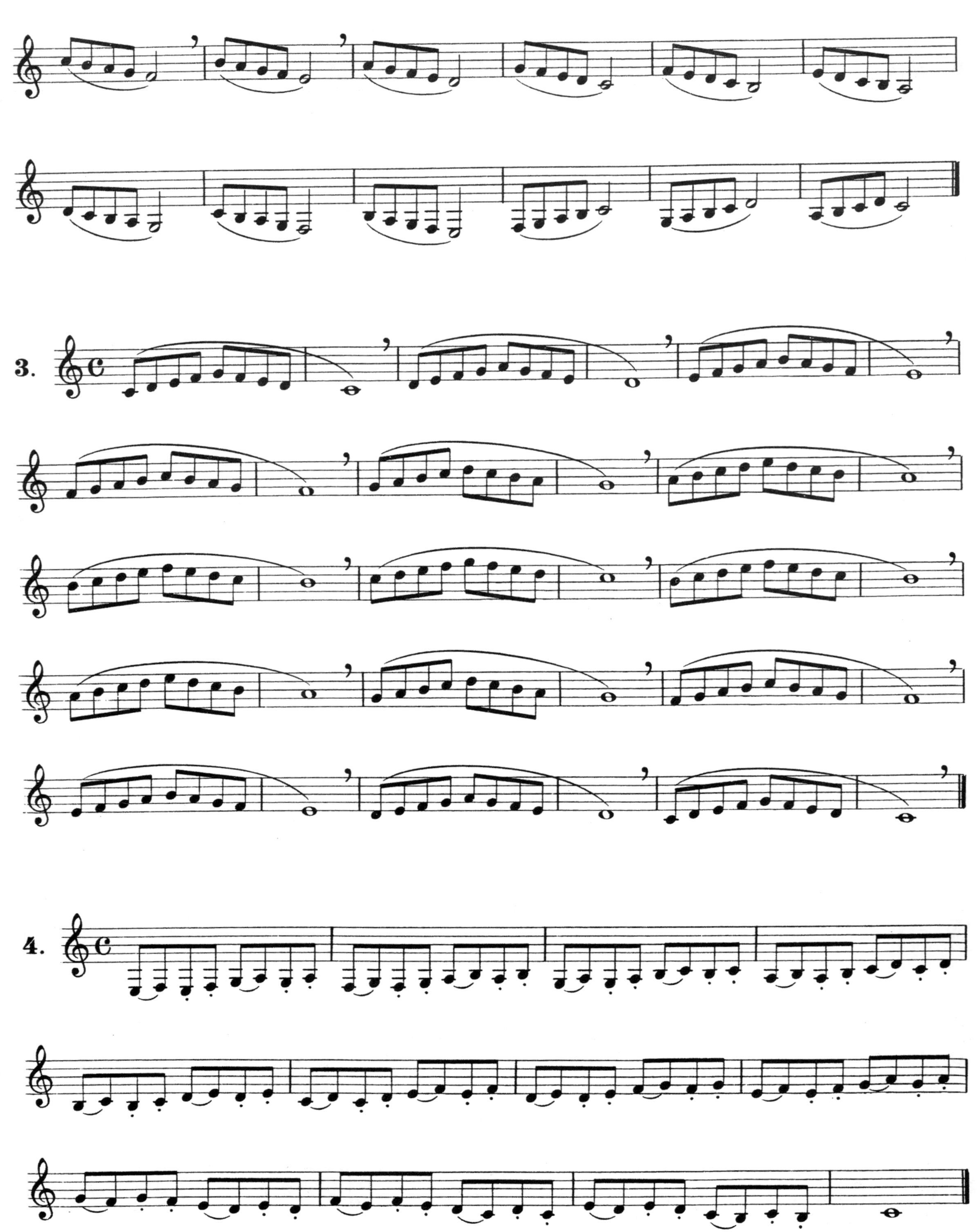

3.
4.

5.
6.
7.

Escalas maiores e suas relativas menores

LÁ-BEMOL MAIOR
9.
FÁ MENOR
10.
RÉ-BEMOL MAIOR
11.
SI-BEMOL MENOR
12.
SOL-BEMOL MAIOR
13.
MI-BEMOL MENOR
14.
SOL MAIOR
15.
MI MENOR
16.
RÉ MAIOR
17.

18. SI MENOR
19. LÁ MAIOR
20. FÁ# MENOR
21. MI MAIOR
22. DÓ# MENOR
23. SI MAIOR
24. SOL# MENOR
25. FÁ# MAIOR
26. RÉ# MENOR

Escalas cromáticas

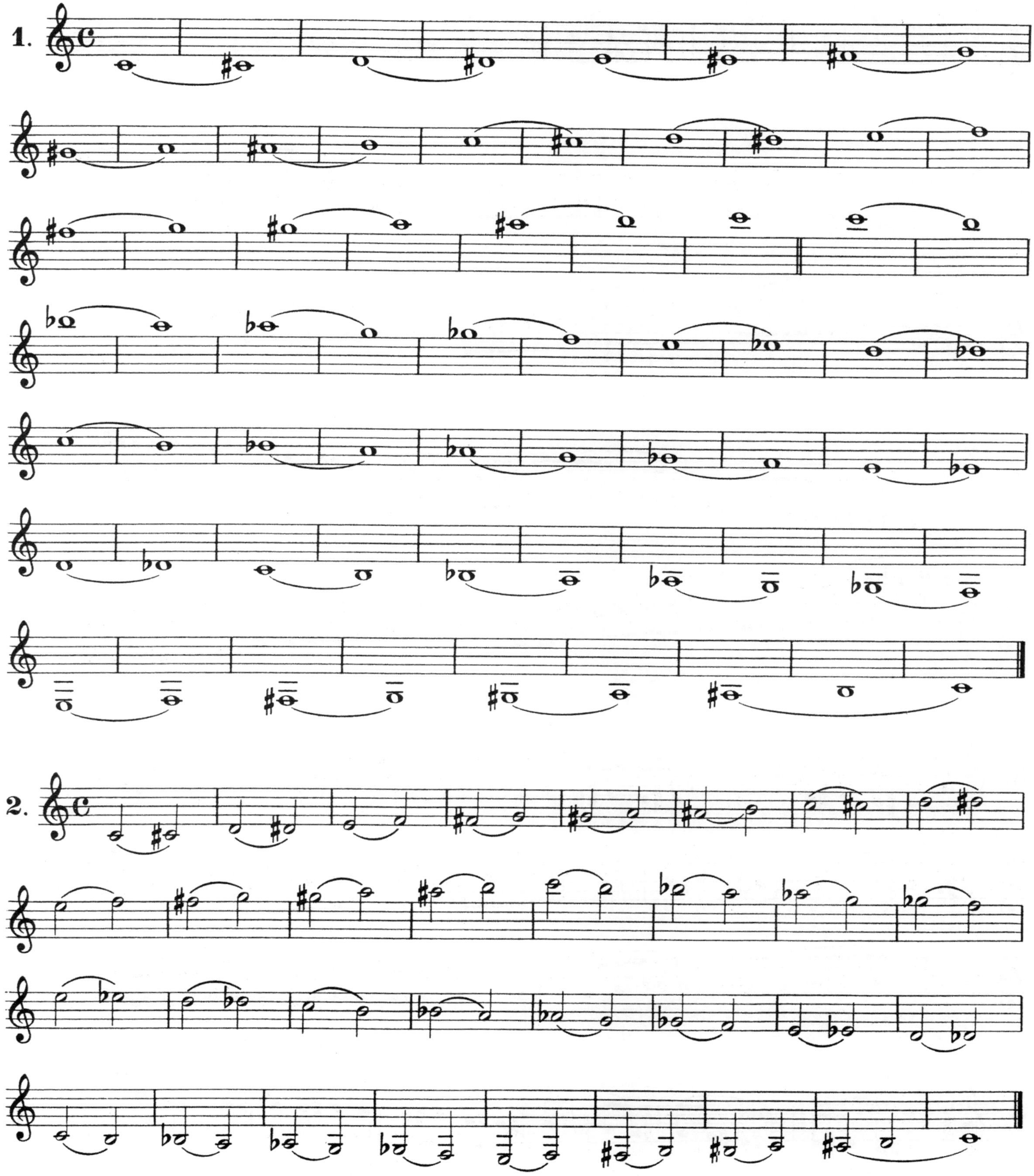

3.
4.
5.
6.
7.

8.
9.
3
10.

Escalas em tons maiores

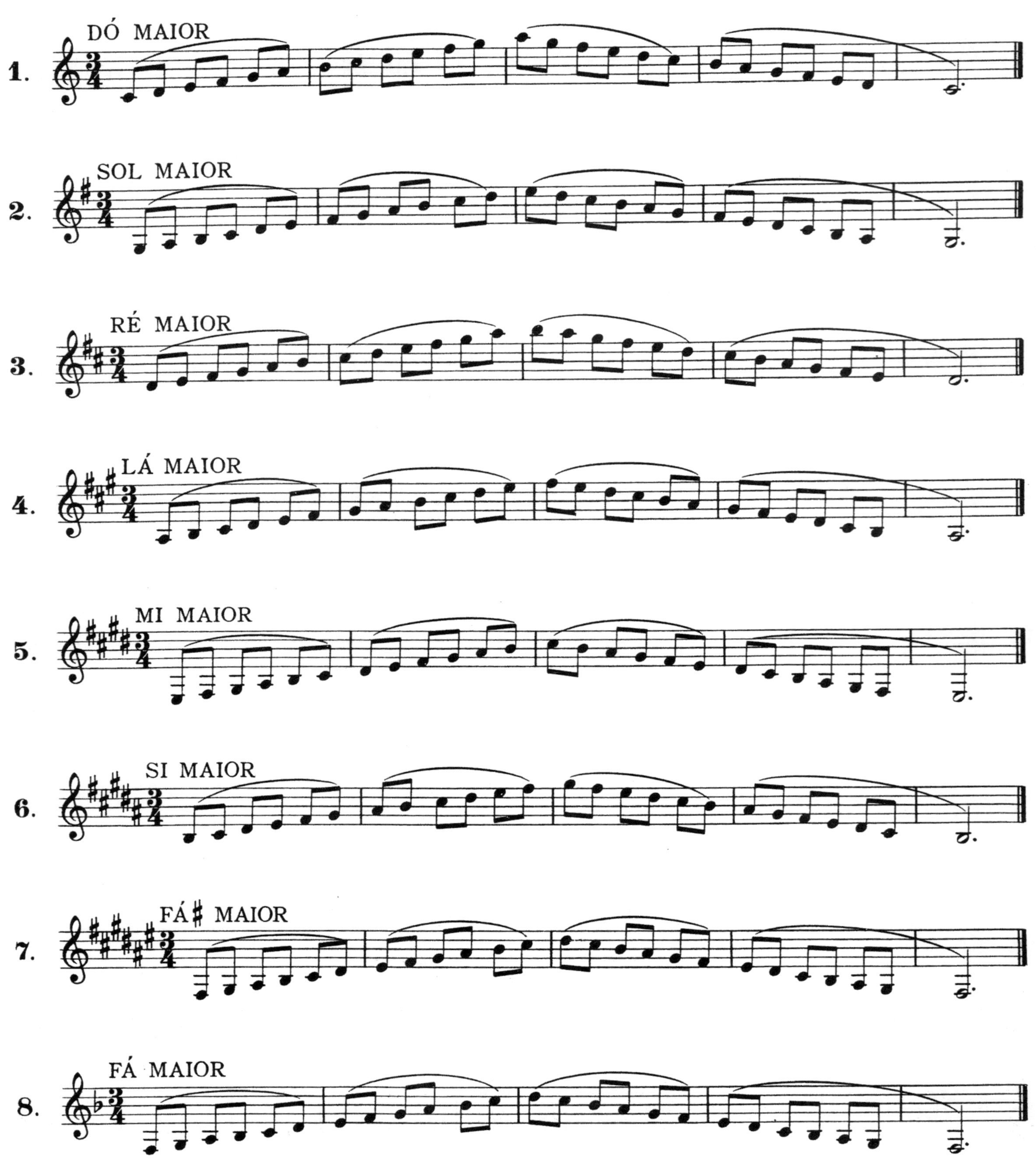

SI♭ MAIOR
9.
MI♭ MAIOR
10.
LÁ♭ MAIOR
11.
RÉ♭ MAIOR
12.
Escalas em tons menores
LÁ MENOR
1.
MI MENOR
2.
SI MENOR
3.
FÁ# MENOR
4.

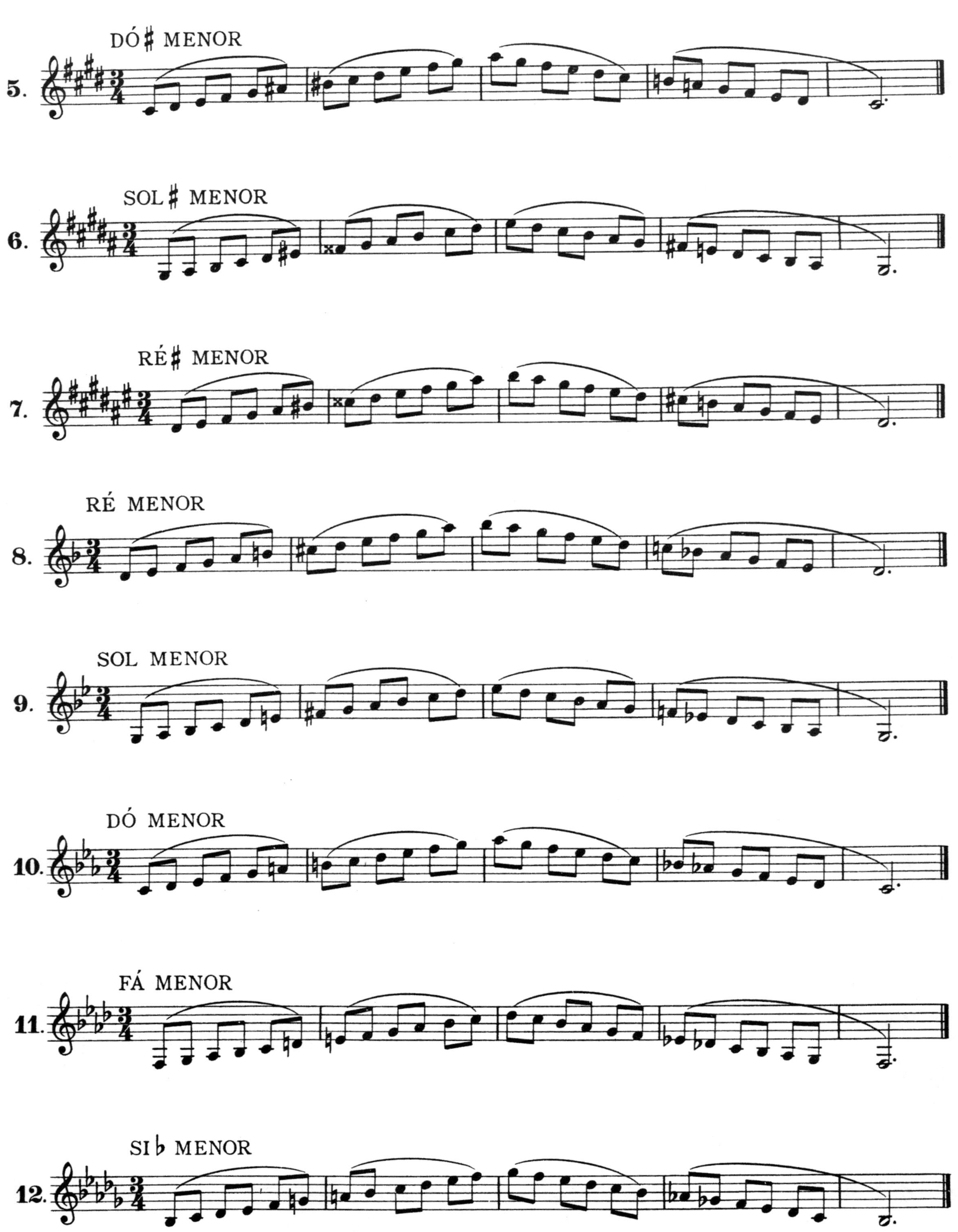
DÓ♯ MENOR
5.
SOL♯ MENOR
6.
RÉ♯ MENOR
7.
RÉ MENOR
8.
SOL MENOR
9.
DÓ MENOR
10.
FÁ MENOR
11.
SI♭ MENOR
12.

Estudos de articulações

3.
4.

5.
6.
7.

8.
9.
10.

NETE

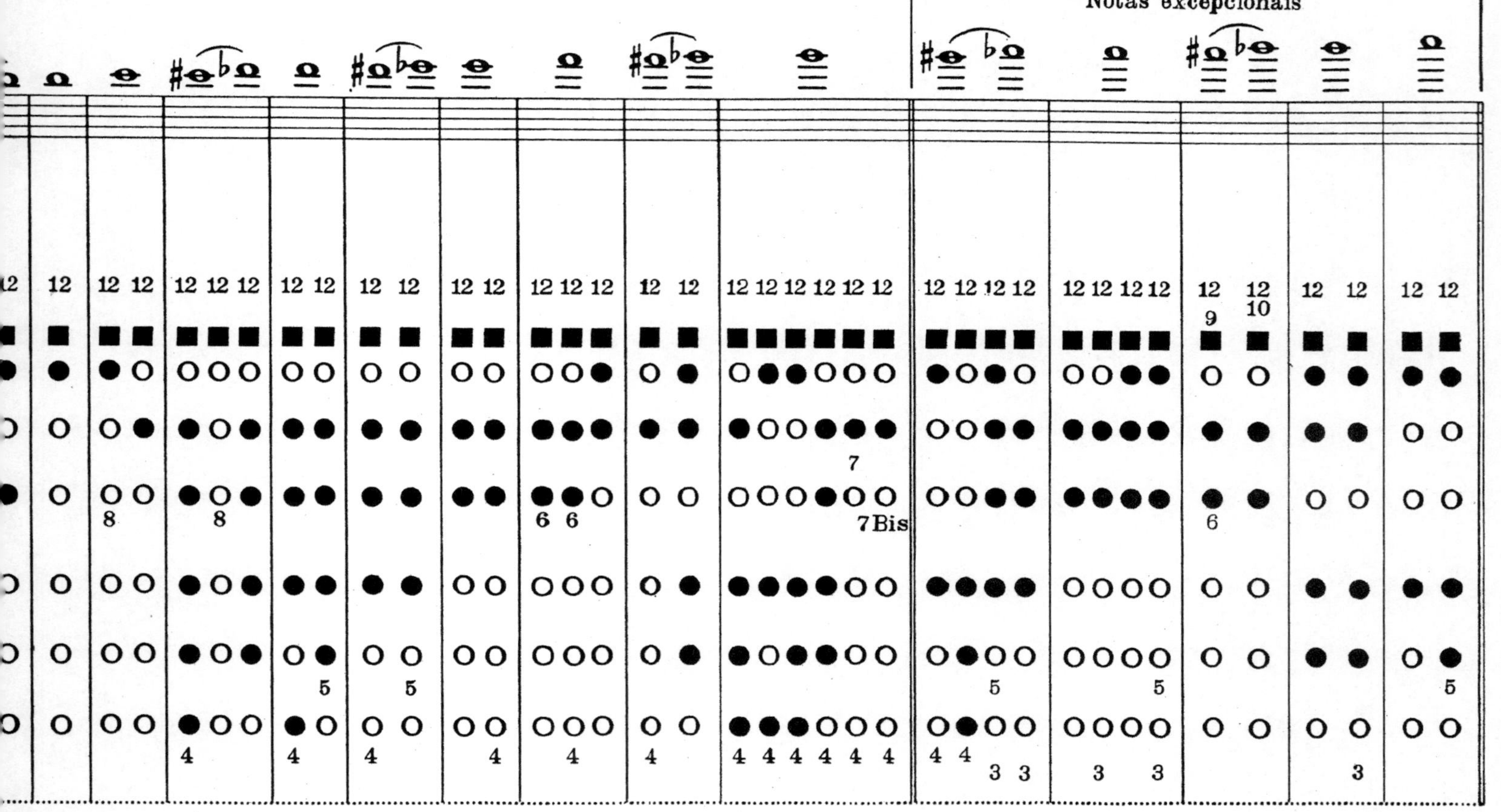

11.
12.
in 6
13.
in 6

14.
15.
in 4
16.

17.
18.
19.

20.
21.
22.
23.

1.
2.

3.
4.

5.

6.
7.

8.
9.

Estudo sobre o Ponto

6.
7.
8.

9.
10.
11.

Estudos da Síncope

5.
6.

7.
8.
9.

10.
11.
simile
12.

Escalas cromáticas

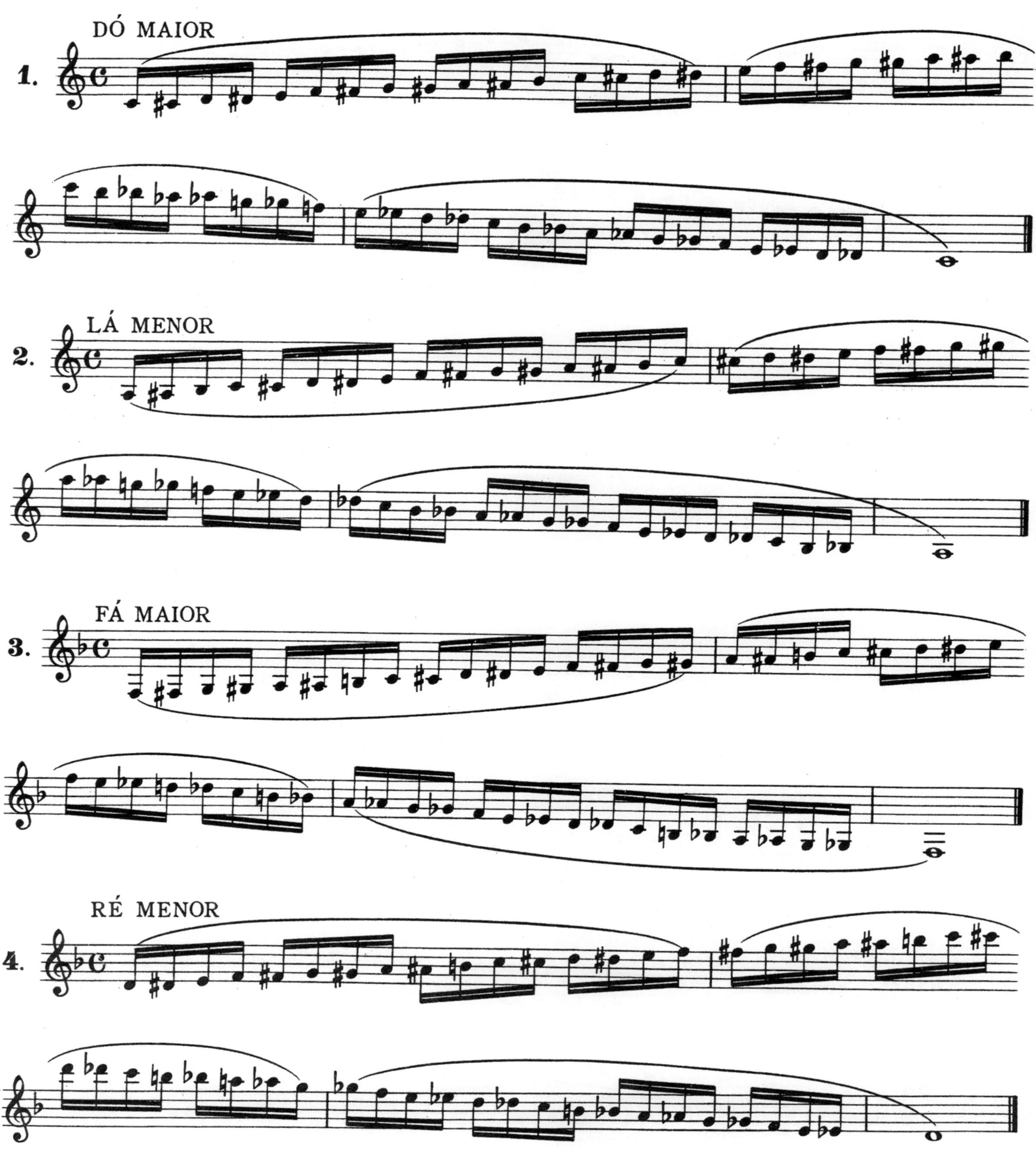

SI♭ MAIOR
5.
SOL MENOR
6.
MI♭ MAIOR
7.
DÓ MENOR
8.
LÁ♭ MAIOR
9.

10.
FÁ MENOR
11.
RÉ♭ MAIOR
12.
SI♭ MENOR
13.
SOL♭ MAIOR
14.
MI♭ MENOR

SOL MAIOR
15.
16.
MI MENOR
RÉ MAIOR
17.
SI MENOR
18.
LÁ MAIOR
19.

FÁ# MENOR
20.
MI MAIOR
21.
DÓ# MENOR
22.
SI MAIOR
23.
SOL# MENOR
24.

25.
FÁ♯ MAIOR
26.
RÉ ♯ MENOR
27.

Escalas tonais

Transposição

TONS MAIORES E SEUS RELATIVOS MENORES

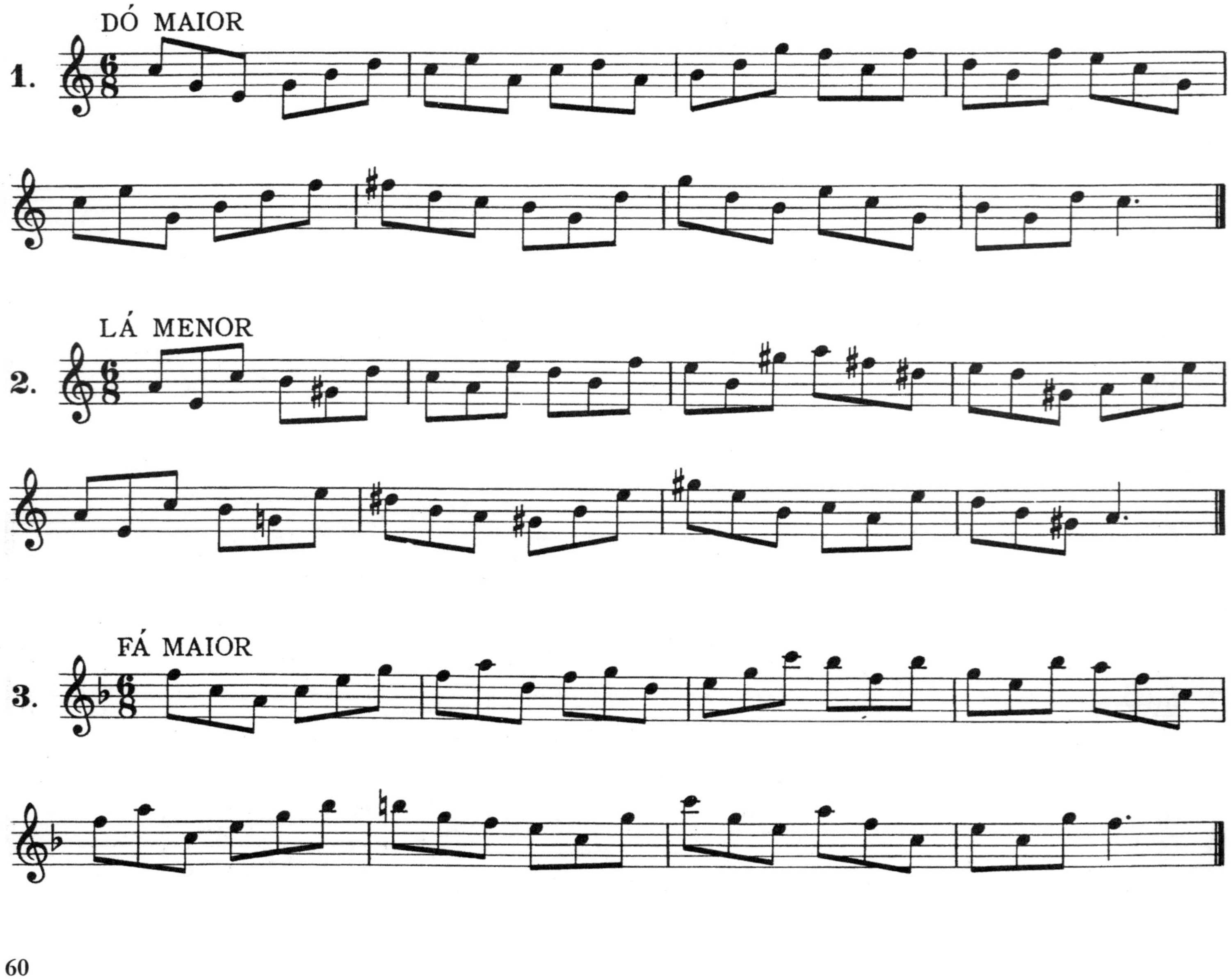

DÓ MAIOR

1.

LÁ MENOR

2.

FÁ MAIOR

3.

RÉ MENOR
4.
SI♭ MAIOR
5.
SOL MENOR
6.
MI ♭ MAIOR
7.
DÓ MENOR
8.

LÁ♭ MAIOR
9.
FÁ MENOR
10.
RÉ♭ MAIOR
11.
SI♭ MENOR
12.
SOL MAIOR
13.

MI MENOR
14.
RÉ MAIOR
15.
SI MENOR
16.
LÁ MAIOR
17.
FÁ♯ MENOR
18.

MI MAIOR
19.
DÓ # MENOR
20.
SI MAIOR
21.
SOL # MENOR
22.
FÁ # MAIOR
23.

RÉ# MENOR

24.

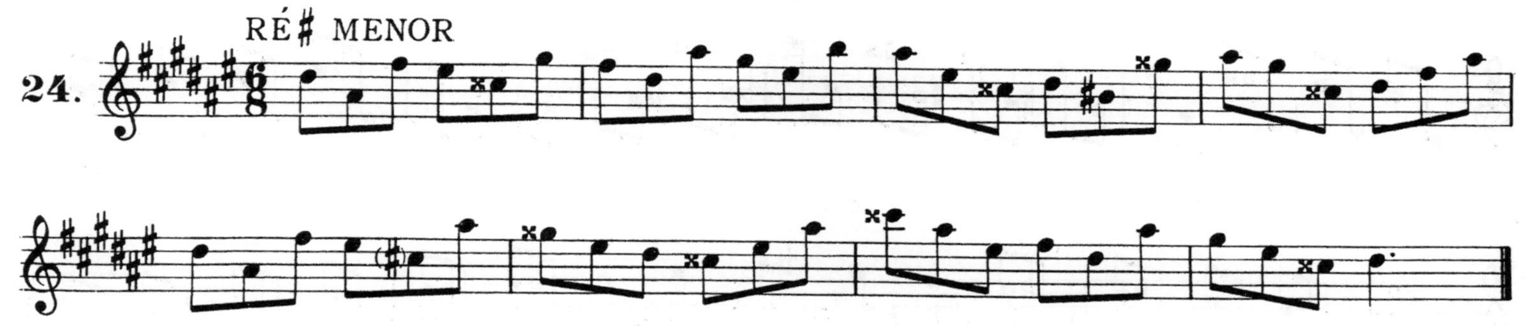

Estudo de oitavas em todos os tons (maiores e menores)

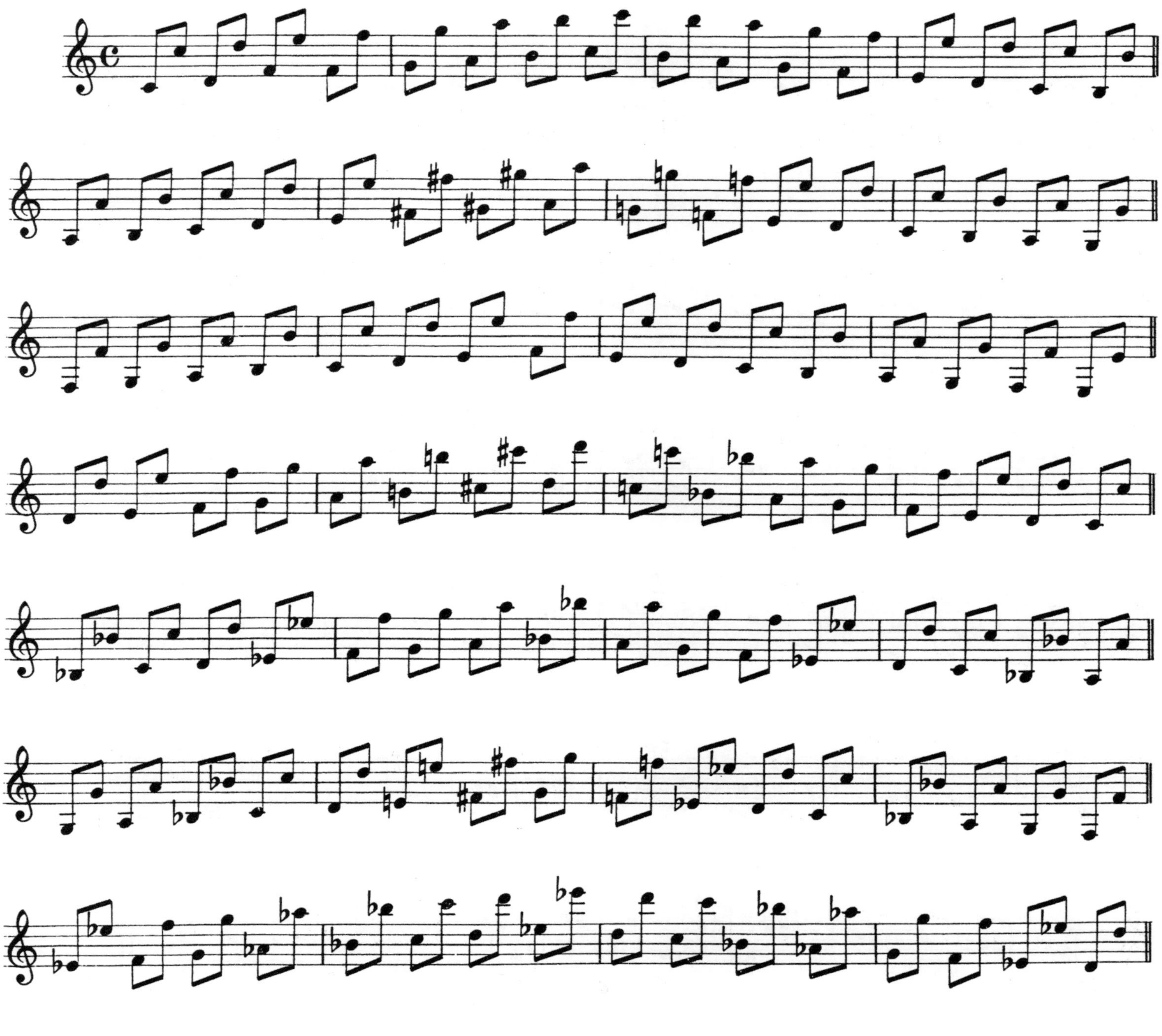

Ornamentos

APPOGGIATURA

MORDENTE (SIMPLES E DUPLO)

1.
2.
Modo de escrever
Execução

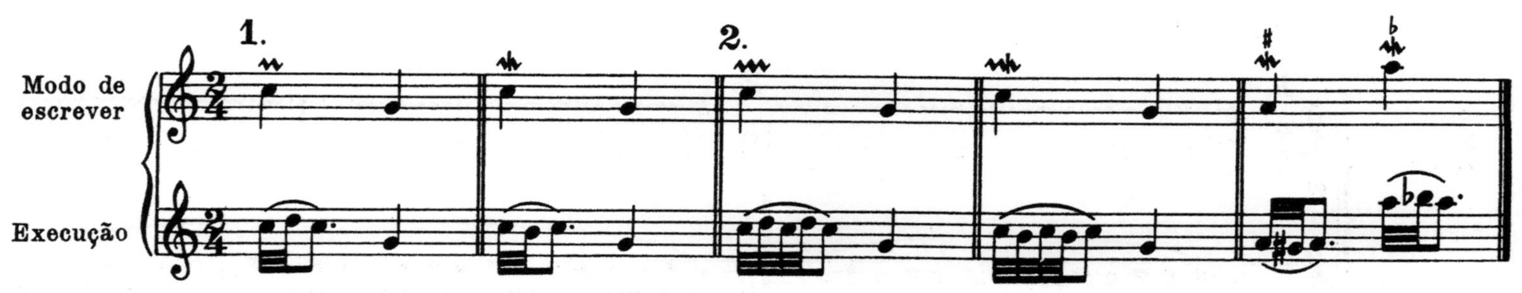

GRUPETOS DE TRÊS E QUATRO SONS

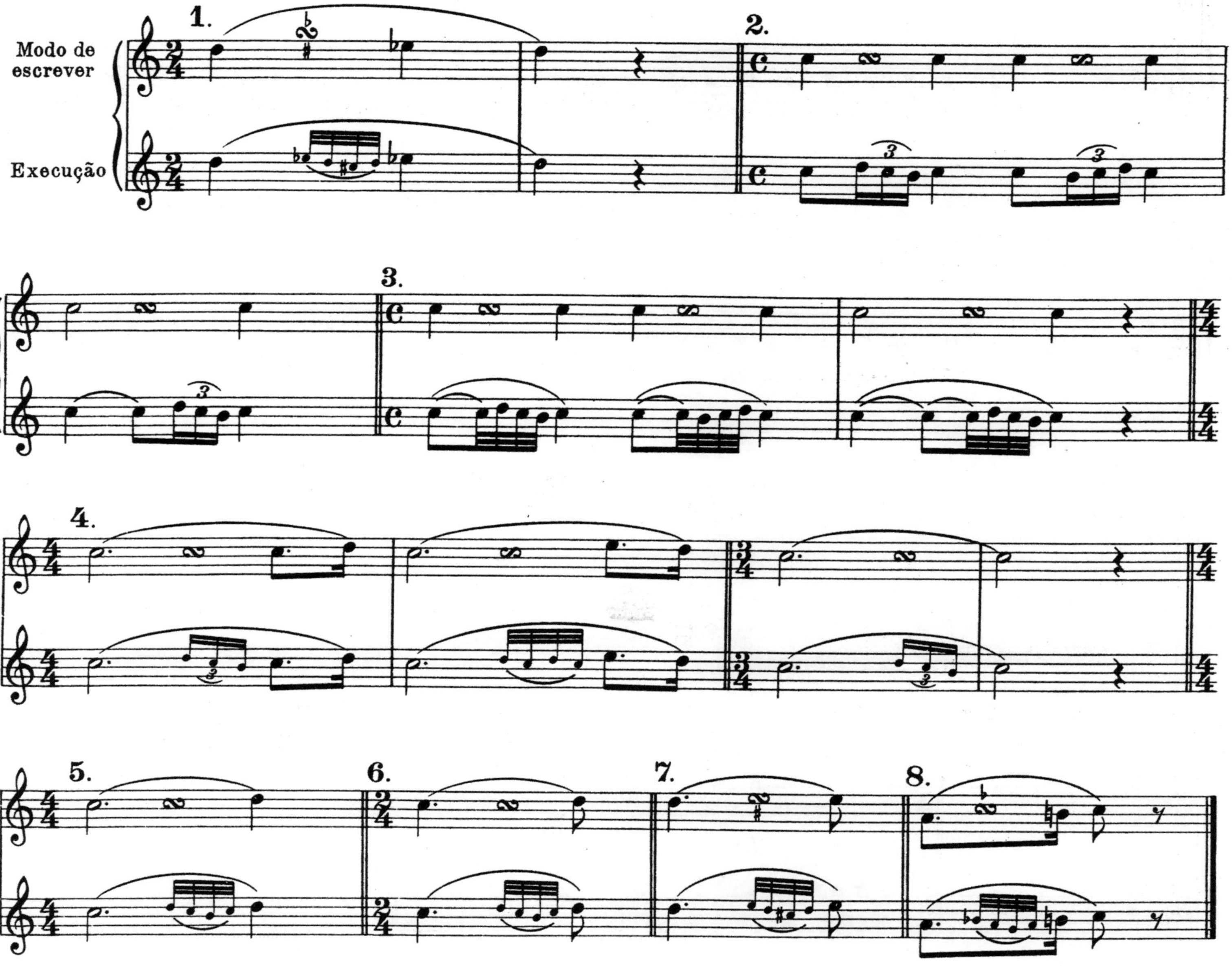
1.
2.
3.
4.
5.
6.
7.
8.
Modo de escrever
Execução

TRILLO ou TRINADO

Abreviações

EXEMPLOS